PROPOS
BYZANTINS

PARIS

IMPRIMERIE-PAPETERIE A. NOUVIAN

96, Rue du Bac, 96

1911

PROPOS
BYZANTINS

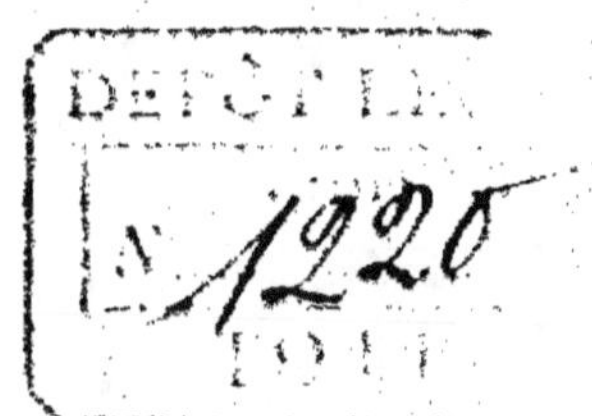

....

PARIS

IMPRIMERIE-PAPETERIE A. NOUVIAN

96, Rue du Bac, 96

1911

AVANT-PROPOS

Au printemps de l'année 1910 parut une brochure de M. Hilaire DE CURZON intitulée « La Légitimité ».

L'Auteur et ses amis la distribuèrent eux-mêmes et comme elle émettait des idées qui n'étaient pas les miennes, je demandai à M. H. DE CURZON des explications. Instruit par les leçons de deux générations, ce dernier semblait en effet qualifié pour éclairer ma religion sur un sujet qu'il lui avait été loisible d'approfondir en de longues méditations. De mon initiative naquirent ces lettres qui sont en réalité les commentaires dialogués de la Brochure-mère. Elles révétaient donc dès le principe le caractère de demi-publicité qui signala le lancement de celle-ci, par suite il était juste qu'elles bénéficiassent des mêmes droits. Ces lettres furent d'abord aimablement copiées à la main en plusieurs exemplaires. Elles le furent intégralement sauf en ce qui concerne la première où, sur mon indication, l'on supprima le passage que j'ai fait remettre ici en italique. Dans ce passage, M. Hilaire DE CURZON me parlait de lui ce qui n'a rien de commun avec des idées. Or nous discutions exclusivement d'idées, tant et si bien qu'une personnalité si respectable fût-elle, jetée dans la bagarre, n'apportait aucune lumière ni pour ni contre. Je me trompais parait-il ! Dans ces conditions je me suis décidé à faire imprimer les lettres dans leur intégralité première pour n'être point accusé, ni moi, ni personne, d'avoir voulu corrompre la pensée d'un correspondant des mieux intentionnés.

Pour bien mettre la question au point, je dois dire que, dans la suite, parut « une réponse » de M. ELESBAN

DE CURZON à laquelle répliqua son frère. Mais le premier ne se tenant pas pour battu riposta par une nouvelle « réponse ». Une analyse du « Droit Royal Historique »[1] nous fut enfin donnée par M. DE ROUX en Janvier 1911. Dans la seconde brochure de M. Hilaire DE CURZON je ne trouvai point trace du second système de légitimité qui m'avait été promis par l'Auteur. Je me permets de lui rappeler son offre aimable car je tiens à m'éclairer coûte que coûte.

Une fois le second système de légitimité établi sur des bases, je ne saurais en douter, indiscutables, et dûment incarné dans un Prince qu'il sera loisible à chacun de connaître et de toucher pour ainsi dire du doigt, je demanderai à M. H. DE CURZON de montrer en quoi une légitimité ainsi conçue a reçu et recevra une application pratique. La légitimité, comme l'amitié par exemple, n'est qu'un vain mot si elle n'entraîne pas des relations entre les êtres qu'elle doit unir. Je demanderai ce qu'a fait ce Prince, ainsi dénommé légitime, ce qu'il compte faire pour résoudre les problèmes français dont dépend notre existence. Ce qu'il a fait et ce qu'il compte faire pour affirmer son droit autrement que par la négation du droit des autres. Ce qu'il a fait et ce qu'il compte faire en face du problème des relations de l'Église et de l'État, de la question ouvrière, de la question juive, de l'organisation de l'armée, etc.... Je vois bien une trame très nette entre le Comte DE CHAMBORD, le Comte DE PARIS, et le Duc D'ORLÉANS. Je vois de ce côté des actes que l'on peut discuter à ses moments perdus, mais enfin des actes. Eh bien ! je demande si pareille trame existe, si des actes semblables ont droit de cité dans la ligne de légitimité que M. H. DE CURZON voudra bien avoir l'amabilité de nous présenter.

(1) Librairie Nationale, 31, Rue de Rennes.

S'il n'y a rien de tout cela, où allons nous ? Nous risquons de tomber tout uniment plus bas que Byzance. Les Bleus et les Verts se battaient alors pour des dynasties incarnées en des Princes qui risquaient leur vie et aussi des supplices qui n'avaient rien de très réjouissant. Ces Bleus et ces Verts étaient des soldats mis au service de subtilités théologiques aussi diverses que fausses généralement, mais qui entraînaient des monstruosités dans leur application pratique à l'ordre social. Dans le mal il y avait encore de la vie.

Si la légitimité française n'est même pas cela, si elle n'est qu'un mot derrière lequel on cultive petitement son « moi » alors je n'hésiterai pas, tel que je me connais, à me déclarer Mérovingiste; j'inviterai CHARLEMAGNE, ST-LOUIS, LOUIS XI, LOUIS XIV à me chanter le chœur des usurpateurs et doucement bercé par ce royal-quatuor j'agirai benoitement oh ! combien, au mieux de mes intérêts personnels. Il y a mieux à faire pourtant, il n'y a qu'à ouvrir les yeux pour connaitre son devoir mais :

> Oculos, habent et non videbunt
> Pedes habent et non ambulabunt.

OCTAVE DE **SAMPIGNY**

Octave de SAMPIGNY à Hilaire de CURZON

Le hasard, Monsieur, a mis sous mes yeux votre brochure sur la légitimité. Vous dites, au début, que vous l'avez faite pour conserver intactes vos traditions familiales. C'est donc un document de famille destiné à formuler le credo politique qui doit régir les faits et gestes des Curzon. Ce ne devrait être que cela. Cependant la demi-publicité donnée au document en change un peu le caractère privé qu'on lui aurait crû tout d'abord. Les idées que vous émettez viennent toucher, directement ou indirectement, des familles étrangères à la vôtre. Des familles beaucoup plus étrangères à la vôtre que nos deux familles ne le sont l'une de l'autre. Ce préambule est uniquement pour me justifier d'avoir pris la plume et pour ne pas subir l'accusation de vouloir cambrioler des traditions familiales qui ne sont pas miennes. Et puis, je veux m'instruire et découvrir la vérité. Je ne suis qu'un écolier qui questionne mais un écolier qui voudrait bien savoir le « pourquoi des choses.

Je ne m'attache qu'à la substance de l'affaire en cause et je prends pour cela le tableau gén   ique que vous fournissez à la fin de votre ouvrage, tableau qui forme l'ossature de votre thèse.

Cette thèse la voici : Dom Jaime en se désistant de son droit à la couronne de France (pour une cause ou pour une autre) voit ce droit tomber dans la Maison de Parme actuellement domiciliée à Chambord.

Octave de SAMPIGNY à Hilaire de CURZON

Le hasard, Monsieur, a mis sous mes yeux votre brochure sur la légitimité. Vous dites, au début, que vous l'avez faite pour conserver intactes vos traditions familiales. C'est donc un document de famille destiné à formuler le credo politique qui doit régir les faits et gestes des Curzon. Ce ne devrait être que cela. Cependant la demi-publicité donnée au document en change un peu le caractère privé qu'on lui aurait crû tout d'abord. Les idées que vous émettez viennent toucher, directement ou indirectement, des familles étrangères à la vôtre. Des familles beaucoup plus étrangères à la vôtre que nos deux familles ne le sont l'une de l'autre. Ce préambule est uniquement pour me justifier d'avoir pris la plume et pour ne pas subir l'accusation de vouloir cambrioler des traditions familiales qui ne sont pas miennes. Et puis, je veux m'instruire et découvrir la vérité. Je ne suis qu'un écolier qui questionne mais un écolier qui voudrait bien savoir le « pourquoi des choses.

Je ne m'attache qu'à la substance de l'affaire en cause et je prends pour cela le tableau généalogique que vous fournissez à la fin de votre ouvrage, tableau qui forme l'ossature de votre thèse.

Cette thèse la voici : Dom Jaime en se désistant de son droit à la couronne de France (pour une cause ou pour une autre) voit ce droit tomber dans la Maison de Parme actuellement domiciliée à Chambord.

Pour arriver à cette démonstration vous posez d'abord un principe issu de la loi Salique. Le droit de Dom Jaime est un droit qui ne lui est personnel qu'en tant que lui, Dom Jaime, est l'aîné de la branche aînée des Bourbons-Anjou, aînés eux-mêmes de tous les Bourbons. Dom Jaime incarne donc toute cette branche qui a une aînée et des puînées. Mais, comme vous le dites fort bien à la page 39, ces dernières n'ont aucun droit immédiat. Elles ne peuvent prendre rang que quand les aînés des branches plus aînées que les leurs auront épuisé, soit par extinction, soit par désistement, les droits relatifs à leurs branches respectives. Je passe à l'application en suivant votre tableau.

Dom Jaime se désiste. S'il n'était qu'un simple particulier son droit à l'héritage passerait à l'aîné de la branche qui lui est la plus proche par le sang ; en l'espèce à l'aîné de la branche DE Naples, puis à celle du Prince Gabriel qui marche après la branche DE Naples. Mais il n'en va pas ainsi, comme nous l'avons dit tout à l'heure, pour une race de sang royal soumise à la loi Salique. La branche DE Naples et celle du Prince Gabriel, sont inhabiles à régner, pour l'instant, car elles ne sont que des subdivisions de la branche aînée dont elles ne doivent pas être séparées jusqu'à plus ample informé.

Nous sommes donc obligés, pour trouver le droit légitime à la succession au trône de France de remonter à la séparation, en deux branches, du trone commun qui est Philippe V. La branche aînée d'Anjou se trouvant écartée par suite du désistement de son représentant Dom Jaime, le droit passe à l'aîné de la branche cadette, c'est-à-dire à l'aîné de la Maison DE Parme. Je suis toujours votre tableau. Telle est, si je ne me trompe la thèse que vous soutenez pour reconnaitre le prétendant dans la Maison DE PARME.

J'admets très bien ce système en lui-même, mais je vais vous faire un raisonnement identique, en partant du Cᵗᵉ DE CHAMBORD et en arrivant à des conclusions différentes des vôtres.

Le Cᵗᵉ DE CHAMBORD meurt et avec lui se trouve épuisé, par cas de force majeure, le droit au trône de France dans la branche ainée des BOURBONS.

Si le Cᵗᵉ DE CHAMBORD n'était qu'un simple particulier le droit à l'héritage passerait chez l'ainé de la branche qui lui est la plus proche par le sang. Il passerait chez l'ainé de la branche ainée d'ESPAGNE. Mais le Cᵗᵉ DE CHAMBORD appartient à une race royale soumise à la loi Salique. La branche ainée d'ESPAGNE n'est qu'une *puinée* de la branche ainée de FRANCE. Le sort de la branche ainée D'ESPAGNE ne doit donc pas être séparé, pour l'instant, de celui de la branche ainée DE FRANCE. Le droit de l'ainée de FRANCE se trouvant épuisé, le droit de sa dépendante D'ESPAGNE se trouve épuisé par le fait même, au moins jusqu'à plus ample informé. Ce plus ample informé nous oblige à remonter au point où le tronc commun qui est *LOUIS XIII* se sépare en deux branches principales. La branche ainée se trouvant inhabile à régner par suite de l'extinction de son dernier ainé direct, le droit passe à l'ainé de la branche cadette, c'est-à-dire à l'ainé de la Maison D'ORLÉANS. Je suis toujours votre tableau.

Regardez les deux raisonnements; ils sont identiques. Je puis m'être trompé sur la nature et l'interprétation des règles issues de la loi Salique, règles exposées par vous, mais si elles sont bonnes pour le premier cas elles sont non moins bonnes pour le second. Si je me suis trompé je vous serais très reconnaissant de me le dire ou plutôt de m'en écrire. On ne raisonne bien qu'une plume à la main surtout dans des situations délicates comme celles-ci. Car, si j'ai raison, la priorité du droit des D'ORLÉANS éclate en dehors de toutes les contingences dans lesquelles il faut comprendre le traité d'UTRECHT qui d'après votre théorie même, n'est point entré en ligne de compte. Quoi qu'il en soit, Monsieur, je compte sur votre obligeance pour éclaircir ce point unique.

Agréez, etc...

OCTAVE DE SAMPIGNY

Hilaire de CURZON à Octave de SAMPIGNY

MONSIEUR,

Je bénis le *hasard* qui a mis ma modeste brochure sous vos yeux. J'ai tenu sans doute à affirmer notre foi politique de famille : mais j'ai voulu aussi me laver vis-à-vis des miens et même du public des accusations dont j'étais l'objet.

On me représentait comme ayant déserté les traditions familiales ;... mangeant à tous les rateliers... et promenant mon drapeau blanc dans le camp Républicain : et tout cela parce que je soutenais chaudement (je ne m'en défends pas) la candidature de M. X. Pourquoi ne m'a-t-on pas adressé les mêmes reproches quand j'ai soutenu (et plus chaudement encore) la candidature de M. Y.., candidat tout aussi républicain. Je recevais alors pour cette candidature les encouragements et l'or de ceux qui hier se montraient si hostiles à M. X.. Pourquoi ?? Mystère !!

Ne pouvant plus me traiter de républicain, après cet exposé de mes principes ; je reçois des lettres anonymes m'accusant d'être « payé par les francs maçons pour attaquer le DUC D'ORLÉANS » Voilà bien la mise en pratique de « par tous les moyens. » On me fera regretter la modération de ma brochure, mais passons : ces injures ne sont pas à la hauteur de mon dédain. *Paulo majora canamus ;*

« Votre thèse me dites-vous » la voici : DON JAIME en se désistant voit le droit héréditaire tomber dans la

Maison DE PARME. Je me suis sans doute mal expliqué! Cependant j'écris à la page 40 : « Ce prince ayant maintenu son droit au trône d'Espagne la couronne passe à une autre branche... Or, il existe plusieurs branches dans la branche aînée... Parmi elles, celle de Parme etc... »

Loin de conclure que les DE PARME sont héritiers immédiats je montre par le tableau généalogique *mis à dessein* que les branches de FERDINAND et de GABRIEL passent avant celle DE PARME et *page 42*, j'ai soin de ne donner aucun nom en motivant cette réserve. Vous m'objectez plus loin que : Le droit de l'Aînée de France se trouvant épuisé par la mort du Cte DE CH.. le droit de sa dépendance d'Espagne se trouve épuisé par le fait même et que cela nous oblige à remonter à Louis XIII et qu'alors la branche aînée étant aujourd'hui inhabile à régner, le droit passe à la branche des D'ORLÉANS. »

Mais non! le droit de la branche aînée n'est pas épuisé : Quand l'aîné d'une branche vient à décéder (c'est le cas du Cte de CH..) la couronne passe à la branche qui se trouve la plus rapprochée du trône Ici nous nous trouvons en face de D. JAIME. aîné de sa *branche* ; il opte pour l'Espagne, la couronne passe à la branche la plus rapprochée de lui, et ainsi de suite jusqu'à ce que toutes les branches collatérales de la branche aînée soient épuisées les unes après les autres.

Lorsque je dis page 39 que « L'ordre de succession s'établit par branche et que l'aîné seul est investi du droit, les autres n'ayant aucun droit qui leur soit propre, j'entends par là les *membres directs*, les *descendants de cet aîné*. Ex. je l'explique : D. JAIME n'avait aucun droit du vivant de *son père*; mais je fais par là la distinction des branches collatérales en indiquant que les fils de CHARLES III forment des *branches distinctes* qui priment les DE PARME et à plus forte raison les D'ORLÉANS. Cette question je l'avoue est très complexe, très délicate aussi, il s'est formé plusieurs écoles parmi les Légitimistes. Les uns (je suis du nombre) établissent l'hérédité par branche, les autres par tête. Ces derniers estiment que D. JAIME ayant opté pour l'Espagne, la couronne de France revient à D. ALPHONSE frère de D. CARLOS. Cela peut se soutenir.

Quelles que soient ces divergences d'interprétations de la loi Salique, pour l'instant le DUC D'ORLÉANS ne peut se dire le roi Légitime tant qu'il existe des représentants de la branche aînée *habiles* à succéder.

Vous affirmez le droit au trône du DUC D'ORLÉANS ; d'autres, et très nombreux, croyez-le bien, le nient. Les uns comme les autres ne pouvant être jugés dans leur propre cause, c'est à la nation, comme je l'établis page 10, à trancher la question.

Je rappelle dans une note, page 10, la question de succession de LOUIS X — j'aurais pu citer l'assemblée de Senlis (Mai 987) départageant les partisans de CHARLES DE LORRAINE et de HUGUES CAPET et attribuant la couronne à ce dernier.

S'il plaît à la nation, maîtresse de ses destinées, de déchirer la loi Salique je m'inclinerai !!!

Excusez mon griffonnage. Merci des objections que vous avez bien voulu m'adresser, elles me prouvent que vous avez lu très attentivement cette modeste étude. Je reste à votre disposition et vous prie d'agréer, etc...

H. DE CURZON

Octave de SAMPIGNY à Hilaire de CURZON

..

L'amabilité de votre réponse, Monsieur, m'engage à continuer. Vous ne m'en voudrez pas, j'en suis sûr, si, en fait de principes, je veux savoir le fin du fin.

Contre ce que je pensais, vous n'admettez pas, actuellement, le droit de la famille de Parme au trône de France. Si j'ai bien compris votre pensée, après application de la loi Salique, la priorité du droit au trône de France s'établit de la façon suivante : 1º branche aînée d'Espagne. 2º branche de Naples. 3º branche du Prince Gabriel. 4º branche de Parme. 5º branche d'Orléans ; chaque branche ayant son droit pour ainsi dire capitalisé dans l'aîné qui la représente. Jusqu'ici rien ne diffère des règles qui régissent une famille ordinaire soumise au droit d'aînesse. Où la différence se fait sentir c'est que, dans l'intérieur des branches, les individus ne peuvent se démettre de leur droit de primogéniture. Ils peuvent renoncer à exercer le droit issu de cette primogéniture mais ils ne confèrent point ce droit à leurs descendants directs tant qu'eux-mêmes vivent. Vous m'avez vous-même donné l'exemple de Don Carlos. Celui-ci se démet de son droit au trône de France, mais il garde sa qualité d'aîné dans sa branche. Il se démet de son droit mais il ne le transmet pas à son fils Don Jaime. Si bien que ce dernier entre la démission de son père au trône de France, et la mort de celui-ci, se trouve avoir les mains vides aussi bien vis-à-vis de l'Espagne que vis-à-vis de la

France. Mais alors je pose une question en me plaçant au point de vue de la France. Pendant ce laps de temps, à qui revenait le droit au trône de France? Supposez qu'à ce moment précis DON CARLOS eût eu le trône de France à prendre et qu'il eût persisté dans sa démission : qui aurait régné sur la France? Pas DON JAIME qui serait toujours demeuré les mains vides! Alors il faut bien que quelqu'un règne. Si j'applique la théorie, le trône revient à l'aîné de la maison DE NAPLES, s'il en veut. Je suppose qu'il en veuille. DON X prend possession de son trône et gouverne le mieux qu'il peut, ce qui n'est point facile. Mais pendant qu'il fait le bonheur de son peuple voila, DON CARLOS qui, malencontreusement meurt. DON JAIME reprend son droit comme l'aîné de la branche aînée. DON X se découronne et passe la main à DON JAIME qui monte sur le trône de France. Vous avouerez, Monsieur, qu'il y a au moins un petit inconvénient dans l'application de ce système, vis-à-vis des gouvernés. D'ailleurs il y a des exemples dans l'histoire où les choses ne se sont pas passées ainsi. PHILIPPE V, roi d'Espagne était soumis à la loi Salique. Il a abdiqué en faveur de son fils ce qu'il n'avait pas le droit de faire, d'après la théorie. Son fils meurt ; PHILIPPE V, reprend le pouvoir ce qui, pour le coup, est conforme à la théorie. Bien plus, après les journées de 1830, CHARLES X abdique en faveur de son fils, le DUC D'ANGOULÊME qui, lui-même, abdique en faveur du DUC DE BORDEAUX. L'un et l'autre commettent des illégalités. Comme individus ils peuvent ne pas profiter de leurs droits mais ils n'ont aucun pouvoir pour les passer à leurs successeurs. Savez-vous ce qu'il arrive si, à ce moment précis, on suit jusqu'au bout le fil directeur qui nous guide. CHARLES X abdique, son fils et son petit-fils n'en peuvent mais ; le droit passe à la branche aînée d'Espagne qui est pourvue dans la personne de FERDINAND VII, puis à la branche DE NAPLES qui est pourvue, puis à la branche du Prince GABRIEL qui, d'après votre tableau, faisant corps avec la branche aînée, ne compte pas. Le droit arrive donc aux PARME qui sont disponibles. Il reste chez eux jusqu'en 1844, année de la mort du DUC D'ANGOULÊME, époque où, enfin, le DUC DE BORDEAUX libéré par la mort de ses ascendants reprend finalement possession de son droit, d'aîné. Ou j'ai mal compris, ou nous assistons au Cinématographe avant la lettre. Mais je dois avoir mal compris et je vous demanderais, Monsieur, de bien vouloir éclaircir ce point premier.

Pourrais-je vous demander, en outre, si la question n'est pas indiscrète qui, d'après vous, à l'heure actuelle, représente le droit dans la Maison DE NAPLES. Puisque c'est dans cette branche que s'est réfugié le droit après la renonciation de DON JAIME. Vous m'avez déjà dit que, vu la complexité de la question, une Assemblée Nationale légitime peut seule trancher. Je l'admets, bien que je me permettrai tout à l'heure de vous parler de ce côté de la question. Mais si cette Assemblée tranche elle le fera après débat. Elle le fera après avoir entendu les avocats des différents candidats. Vous pourriez être l'un de ces avocats. Eh bien ! supposons que, par un heureux hasard, cette Assemblée ait à instrumenter prochainement, quel candidat soutiendriez-vous et par quelle filière passeriez-vous pour prouver son droit ?

Troisième question peut-être encore indiscrète, mais enfin la voici : Monsieur votre père quand il a écrit au

Cte DE CHAMBORD, a soutenu une thèse quelconque. Il aboutissait, dans cette thèse, à une branche déterminée et à un représentant de cette branche. Quelle était cette branche et quel était ce représentant ? Quel était le raisonnement qu'il a suivi pour arriver à son but ?

J'arrive, en dernière analyse, à la question de l'Assemblée. Cette Assemblée pour pouvoir trancher de la légitimité devra pouvoir prouver qu'elle est légitime elle-même. Pour être légitime sa constitution intime devra être légitime et être conforme au vieux droit français. Elle devra affecter la forme de nos anciens Etats-Généraux qui, eux, étaient constitués par ordres. De plus, ces Etats-Généraux, devront être rassemblés par le roi car, sans lui, ils ne peuvent rien. Il en est des Etats-Généraux comme des Conciles. Les Conciles sont là où est le Pape. Sans Pape pas de Concile, sans Roi pas d'Etats-Généraux. Alors par où faudra-t-il commencer ? Par le Roi pour rassembler les Etats-Généraux, ou par les Etats-Généraux pour juger le Roi ? Car vous êtes de mon avis ; les Assemblées d'une forme révolutionnaire telles que nous les voyons depuis 121 ans représentent tout au plus des paniers d'épluchures. Enfin voici, Monsieur, ce que j'ai dans mon sac aujourd'hui. Je vous demande pardon d'avoir abusé de votre patience. Oserais-je vous demander de me donner un exemplaire de votre travail. Je n'en ai plus à ma disposition et, ma foi, cela me manque car la question m'intéresse.

Quoiqu'il en soit, Monsieur, je vous remercie et vous prie d'agréer, etc...

OCTAVE DE **SAMPIGNY**

Hilaire de CURZON à Octave de SAMPIGNY

MONSIEUR,

Je me fais un plaisir de vous adresser ma brochure puisqu'elle paraît vous intéresser : J'ai voulu, comme je vous l'ai écrit, établir les principes de la Légitimité, tels que je les comprends, et par là même réfuter les prétentions de ceux qui depuis la mort du Cte DE CH.. affirment : 1° que le D. D'O.. est le Roi *Légitime, d'héritier salique,* 2° que le Cte DE CH.. a reconnu les D'ORLÉANS pour ses héritiers. Pas autre chose ! Loin de moi la pensée de me poser en chef de Parti. J'ai simplement tenu à mettre en lumière notre *Loi Nationale.*

D. CARLOS ayant à *choisir* entre 2 couronnes préfère celle d'Espagne, celle de France passe donc nous sommes désormais d'accord à la branche aînée suivante.

D. JAIME, dites-vous se trouve les mains vides vis-à-vis de la F. comme de l'Esp. — c'est vrai ; tout comme un fils avant le décès de ses parents, mais il est l'héritier de son père et lui *succédera* : alors, je suppose, avec vous, que le trône de F. soit occupé par un Bourbon de Naples ou *tout autre ;* D. CARLOS meurt, son fils lui succède en Espagne et n'a plus *aucun droit* en France parce que son père a renoncé *pour lui et ses descendants.*

Vous m'objecterez la renonciation de PHILIPPE V, (que je ne reconnais pas). Mais celle de D. CARLOS était spontanée, volontaire : il avait la liberté du choix, il a opté pour l'Esp., tandis que celle de PHILIPPE V lui était imposé par la force - de plus, cette question ne pourrait se présenter qu'en cas de *vacance du trône* de France ; or, nous le supposons occupé par un autre roi légitime.

2° Vous me demandez qui représente la branche de Naples. Je l'ignore ! Je n'ai pas écrit cette brochure pour appuyer les prétentions de tel et tel prétendant ; mais uniquement pour établir le droit.

3° Ce sera à l'Asssemblée a *trouver l'héritier légitime* tout comme cela s'est fait pour HENRI III et HENRI IV.

4° Le mémoire présenté par mon père au Cte DE CH. le 25 Juillet 1872 établissait l'ordre de succession par *branches* comme je l'ai établi. Mon père reçut du DUC DES CARS une lettre d'où je détache le passage suivant : « Le Roi, me le remettant, me dit : CURZON pourrait avoir raison ! »

5° L'Assemblée Nale de 1871 aurait bien tranché cette question puisqu'on l'a priée de le faire.

Si les Orléanistes en 1873 n'avaient pas, par des intrigues inavouables, barré la route au Roi en faussant le procès-verbal de la commission des Neuf, le Roi serait monté sur le trône de ses Pères.

L'Assemblée de 1791 avait bien, elle aussi, maintenu les droits de la Branche aînée.

Sans Roi, dites-vous, pas d'Etats-Généraux, c'est vrai ; mais cependant, quand une vacance se produit, et qu'il s'agit de trouver le Roi il faut bien qu'une assemblée ou qu'un groupe prenne cette initiative.

En 1873 ce fut un groupe de la Chambre;

En 1891 la question fut soulevée par un obscur député;

En 1316 ce furent les États-Généraux à la demande de PHILIPPE frère du Roi défunt;

En 987 ce fut ADALÉBRON Archevêque de Reims qui fit convoquer les g^{ds} vassaux pour trancher le différend entre les deux prétendants;

Eh bien! comme je l'indique page 10, le Duc D'ORLÉANS qui se dit l'héritier devra faire valoir ses droits devant l'Assemblée représentative qui sera élue *un jour ou l'autre, quand et comment!* Je n'ai pas qualité pour le dire. Attendons les événements! L'heure est à Dieu!

Pendant que nous discutons ces questions *théoriques* et *abstraites* le mariage de Victor NAPOLÉON avec la Princesse CLÉMENTINE, (l'argent des Juifs en plus) pourrait bien changer la face des choses en France : tout au moins comme gouvernement intermédiaire entre la Révolution et la Légitimité.

Agréez, etc...

H. DE CURZON

Octave de SAMPIGNY à Hilaire de CURZON

Et d'abord, Monsieur, je vous remercie de votre aimable envoi. Mais pour le fond de la question en cours je crois qu'il y de quoi bouleverser l'entendement d'un honnête homme. Vous me dites : « Alors, je suppose avec vous, que le trône de France soit occupé par un BOURBON de Naples, *ou tout autre*. DON CARLOS meurt, son fils lui succède en Espagne et n'a plus *aucun droit* en France parce que son père a renoncé pour lui et ses descendants. »

1° Sur cette phrase, j'observe le « ou tout autre ». Je crois bien que le secret de votre cœur s'en va aux PARME.

2° Je retiens le « pour lui et ses descendants ». Je croyais que nous raisonnions avec une loi salique qui ne conférait aux individus que la possibilité de ne pas user de leur droit sans pouvoir rien transférer de ce droit à leurs successeurs directs dans l'intérieur de la branche qui leur est propre. Si nous admettons que les individus de race royale peuvent émettre autre chose que des décisions négatives pour eux-mêmes, par rapport à leur droit personnel dans leur branche, je ne vois aucune différence entre les lignées royales et la vôtre ou la mienne.

3° DON CARLOS ayant refusé pour *lui et ses descendants* est acquis définitivement à l'Espagne et perd tous ses droits au trône de France, AINSI QUE SES DESCENDANTS. Mais la position de DON CARLOS est exactement la même que celle de Philippe V acceptant de régner en Espagne. Vous convenez vous-même que, du traité d'Utrecht, il y a lieu de retenir un certain « droit moderne » qui consacre la séparation des deux couronnes, d'une façon définitive. Vous rejetez le reste du traité comme ayant été fait sous la pression de la force qui ne saurait jamais être invoquée quand on discute du droit. Mais, pardon, qui était sous la botte de l'étranger ? Louis XIV et la France : mais non ! le Duc d'Anjou. Celui-ci s'il voulait conserver ses droits éventuels à la couronne de France, n'avait qu'à rester à la Cour du Roi, son grand-père. Sa renonciation lui valait le gâteau espagnol que lui a assuré, par la suite, le sang des soldats du Duc de Vendome à Villaviciosa. S'il y a eu violence au moment de l'acceptation, soyez-en bien persuadé, ce ne fut qu'une douce violence. Et si, par la suite, il y eût encore violence, c'est nous, les Français, qui l'avons faite pour asseoir l'un de nos princes à Madrid.

Mais alors le Duc d'Anjou n'était pas plus forcé, dans sa décision, que ne l'a été plus tard Don Carlos. Si celui-ci, avait le droit de renoncer à la France pour ses descendants, le Duc d'Anjou avait le même droit. Les Bourbons Espagnols, Napolitains et de Parme sont rayés du tableau d'avancement du même coup et, que, voulez-vous, c'est triste à dire, mais nous retombons encore sur les d'Orléans.

Je crois, Monsieur, que nous n'en sortirons jamais et que nous ne parviendrons jamais à être d'accord. Le nœud de la question est encore dans le traité d'Utrecht qui, à mon sens, compris comme il doit être compris, n'infirme nullement la loi Salique. Le traité d'Utrecht a trois effets très distincts qu'il ne faut pas confondre. Un effet français obtenu par la force, un effet espagnol qui n'était pas sans faire plaisir au bénéficiaire qu'on ne peut traiter raisonnablement de victime, et un effet franco-espagnol de séparation de trônes que vous concédez. Le premier effet, vous pouvez le nier à la rigueur; quand au second, examinons-le. Une théorie que vous avez émise dit que le pays et la famille royale se *compénètrent*. De telle façon qu'il y a emprise de la famille royale sur le pays et réciproquement, du pays sur la famille royale. De telle façon encore que le plus petit fait ne puisse se passer sans qu'il y ait contrat bi-latéral. Acceptation du pays d'une part, acceptation de la famille royale de l'autre. Mais par qui étaient représentés l'un et l'autre ? La famille royale par son aîné Louis XIV et le pays par des États-Généraux qui n'ont pas été rassemblés. Évidemment la perte du Duc d'Anjou est un amoindrissement de la famille royale et par conséquent une perte pour la France. Mais à qui est imputable cette perte ? A Louis XIV ? Jamais de la vie ! Si le Duc d'Anjou a renoncé à son droit, il l'a fait avec son *libre arbitre* dont aucun être humain ne peut être privé, en vertu d'une loi supérieure. Vous pouvez imaginer une loi encore plus draconienne que ne l'est la loi Salique, vous ne pourrez jamais faire que, légitimement, elle puisse attenter au libre arbitre de l'homme, tout au moins quand il renonce librement aux avantages que lui donne cette loi. Louis XIV n'avait donc pas à répondre devant les États-Généraux d'une perte dont il n'était pas cause. Si les États-Généraux étaient nécessaires, cela ne pouvait être que pour le 1er et le 3e effet du traité d'Utrecht. Pour le 2e effet, le lendemain de la signature du traité d'Utrecht la France et la loi Salique se retrouvent intactes, en principe, avec un évadé en moins; mais cet évadé n'a nullement touché à une loi sociale fondamentale, car, il n'a fait usage que de son libre arbitre qui est imprescriptible et inattaquable par aucune loi sociale. Que cet évadé aille après régner en Espagne ou vendre des marrons, peu importe. Le point important c'est qu'il ait renoncé librement à son droit éventuel. A-t-il dit « non » librement, tout est là. Eh bien ! le prince de sang royal à qui un « non » dans un sens donne un royaume dans un autre, a toutes les chances pour avoir parlé librement. Et puis le débat n'a jamais porté pour personne, sur la liberté ou la non liberté du Duc d'Anjou dans son acte. On a dit : « l'acte n'est pas valable car il n'a pas été accepté par le pays et que Louis XIV n'était pas libre. » Ni le pays, ni Louis XIV n'avaient à juger la question. Qu'on ne m'oppose pas que le terrible grand-père était dans la coulisse, car alors rien ne tient plus sur la terre. Un prêtre, à l'autel, ne demande pas compte à la mère de famille à la gorge oppressée et au chapeau à plumes, des manigances qu'elle a faites pour caser sa fille au bon endroit. A l'issue de la cérémonie, les deux intéressés sont mariés, s'ils ont dit le oui réciproque et il ne reste plus aux invités qu'à défiler d'un air empesé et aux conjoints à faire leurs preuves ultérieurement.

Maintenant le Duc d'Anjou avait-il le droit de renoncer au trône de France pour ses descendants ? C'est là où mon esprit ne s'est pas encore très bien adapté à ce côté de la loi Salique.

Avant-hier j'ai raisonné en pensant que non, votre aimable réponse d'aujourd'hui me donne à penser le contraire.

Don Carlos a bien renoncé librement pour lui et ses descendants? Eh bien! le Duc d'Anjou a pu le faire légitimement aussi. Mais, Monsieur, je vais plus loin. Vous admettez comme issu du traité d'Utrecht le droit moderne, qui consacre la séparation *définitive* des deux couronnes. J'admets que le Duc d'Anjou n'ait pas le droit de renoncer pour ses descendants à la couronne de France. Mais au moment où le Duc d'Anjou prend possession du trône d'Espagne, il devient, lui et toute sa descendance, prisonnier de son nouveau pays. D'un autre côté la maison royale de France est prisonnière de son pays à elle. Donc, définitivement, ces deux races seront distinctes. Et cela en vertu du « principe moderne » de séparation des deux pays. C'est comme dans une ménagerie où deux lions sont dans deux cages contiguës. La réunion de ces deux animaux sera à tout jamais impossible si la grille de séparation est à tout jamais fermée. Si les deux lions sont parents, la même loi continuera à les régir. Tout comme nos deux races de Rois seront toujours régies par la loi Salique, mais cette loi trouve son effet singulièrement contrarié par la cloison étanche que vous reconnaissez. La loi Salique a un objet ou elle n'a pas raison d'être. Elle en avait un et à double effet. Un premier effet, de contraction, d'unité pour le pays possédant une maison régnante soumise à cette loi. Un second effet, extérieur, permettant au même pays d'étendre ses tentacules sur les pays voisins et de revendiquer des terres, quand les possesseurs ne pouvaient pas se retrancher derrière cette même loi. Mais si l'on commence à élever des cloisons étanches autour de la France, le second effet se trouve ruiné. Car vous élevez une barrière infranchissable pour l'Espagne, mais les circonstances peuvent vous amener à en élever pour la Savoie et pour la Lorraine. Alors vous reconnaissez le principe des *nationalités* et la brisure légale de l'antique chrétienté.

Les prisons se resserrent autour des races régnantes, qui sont de plus en plus absorbées par les pays qui les détiennent. Elles deviennent de plus en plus étrangères les unes aux autres et cela en vertu de ce principe moderne de séparation des couronnes. Ce que je veux mettre en lumière c'est que vous accumulez sur la même famille deux principes opposés. Le premier d'unité et l'autre de dispersion. D'un côté, vous déplorez la perte de l'unité de la Maison DE BOURBON par le traité d'Utrecht, de l'autre vous acceptez un nouveau principe qui activera et rendra irréparable cette brisure d'unité. Ceci tuera cela ou cela ceci. C'est peut-être ce qui est arrivé ? Non ! Le principe de séparation n'a pas tué la loi Salique, mais elle l'a limité dans les effets extérieurs. Il a enchâssé la loi Salique en ne lui permettant d'exercer sa bienfaisance qu'à l'intérieur du Pays.

Je reprends votre définition de la loi : « La loi Salique c'est l'ensemble des coutumes, lois et règlements suivis traditionnellement en France pour l'ordre de succession à la couronne. » Le jour où vous admettrez que cette couronne ne peut s'adjoindre une couronne voisine, alors que cela se pouvait hier, vous changez les lois de succession à cette couronne. Par exemple, vous admettez que DON CARLOS peut opter entre l'Espagne et la France. Mais jamais un Roi de France, avant le traité d'Utrecht qui contient le principe dont vous vous servez, n'aurait eu l'idée de se poser cette question. Il aurait pris les armes pour appuyer son droit et puis voilà. Pour conclure ce paragraphe et en me servant seulement de ce que vous voulez bien me laisser du traité d'Utrecht, je dis que, d'après cela, la loi Salique s'est *nationalisée,* que s'étant nationalisée elle ne peut être incarnée que dans une famille restée nationale. Qu'une Assemblée, qui, d'aventure, reconnaîtrait le Duc D'ORLÉANS comme Roi légitime ne ferait pas quelque chose de son crû. Elle sanctionnerait la loi Salique nationalisée et obtenue par les conséquences du principe de séparation des couronnes, principe reconnu par tout le monde et par vous en particulier. Je termine en vous priant de bien vouloir me donner votre avis sur tout ceci.

Agréez, etc...

Octave de SAMPIGNY

Hilaire de **CURZON** à Octave de **SAMPIGNY**

Monsieur,

« Les observations que vous avez bien voulu m'adresser m'ont rendu un réel service :

Je vous disais, dans une précédente lettre, que nous étions divisés dans le camp Légitimiste sur la question de savoir si la succession doit s'établir *par tête* ou *par branche*, je penchais pour ce dernier système et j'ajoutais qu'il était très délicat et très complexe : je soulève, je le vois, des objections très réfutables, sans doute, mais très subtiles et qui peuvent impressionner un public peu au courant de questions aussi graves. Aussi, dans une prochaine édition, j'établirai le mode de succession par tête, ce qui coupera court à toute discussion. Ce ne sera pas à l'avantage des d'Orléans, car, de la sorte, ils voient leurs droits primés par un plus grand nombre de princes de la branche Aînée.

Restera alors l'objection qui consiste à les représenter comme étrangers ! pour parer à cet argument je développerai les 3 points suivants :

1° L'assassin (Ph. Égalité) ne peut hériter de sa victime.

2° Le tuteur (L. Philippe) ne peut hériter des biens d'un pupille qu'il a dépouillé.

3° Le Cte de Paris ne pouvait se prévaloir, à la mort du Cte de Ch., du principe de la Légitimité qu'il avait combattu toute sa vie. J'en donnerai entr'autres preuves ce passage d'une lettre écrite de York-House le 18 Janvier 1871 : « En toute occasion, j'ai bien établi que j'étais prêt à servir mon pays de la manière que celui-ci voudrait, et que je regarderai toujours, comme le seul et vrai gérant de la France, celui que mon pays aurait choisi. Nous, simples citoyens, nous n'avons qu'à nous soumettre et à servir, quant à moi, je sais déjà que je suis infiniment *plus républicain* que mes amis, c'est-à-dire que je n'ai aucune répugnance pour cette forme de gouvernement. » L.P. D'ORLÉANS.

(Voir cette lettre dans les journaux de l'époque).

Celle-ci est extraite de « *La Patrie* ». Comme je vous le dis plus haut, je vais probablement faire une 2ᵉ, je pourrais dire une 3ᵉ édition, car, bien que cette petite brochure ne fût destinée qu'à mes parents et amis pour *me défendre* et non pour attaquer, le 1ᵉʳ cent épuisé j'en ai dû commander 200 de plus pour satisfaire aux nombreuses demandes que je recevais des Princes DE BOURBON et de leurs partisans que j'ignorais si fidèles et si dévoués. CHAMBORD seul en a fait prendre par petits paquets plus de 40 chez mon imprimeur. J'étais loin de me douter, quand j'écrivais ces modestes pages qu'elles auraient tant de succès. Cela prouve que la foi Légitimiste est beaucoup plus vivace que je ne le pensais.

Agréez, etc...

H. DE CURZON

Octave de SAMPIGNY à Hilaire de CURZON

Avant toutes choses, Monsieur, laissez-moi vous remercier de la constante amabilité dont vous faites preuve à mon endroit. J'attendrai pour me former une opinion définitive sur la légitimité que vous vouliez bien nous donner le complément d'information que vous annoncez. Mais, permettez-moi une réflexion : Vous dites que, après les éclaircissements promis, les d'Orléans seront encore beaucoup plus mal en point que maintenant. D'ores et déjà vous leur donnez la dernière place, alors, à moins de les envoyer à la cuisine, je ne vois pas très bien où vous pourriez les mettre !

Vous appliquez ensuite le code civil aux d'Orléans et vous les frappez de déchéance pour cause d'assassinat, vol et reniement (privé mais non public et légal). Les deux premiers crimes sont historiques et je ne les aime pas plus que vous. Quand au reniement je l'ignorais mais je l'accepte puisque vous me le dites. Pour ce dernier cas, je fais une simple réflexion qui n'a pas autrement de portée sur la démonstration que je veux faire : St-Pierre, Monsieur, a renié son Christ et son Dieu et il n'en fut pas moins, par la suite, le chef de la chrétienté.

Mais pour les trois cas ce n'est point le code civil qu'il faut appliquer aux d'Orléans, mais le tribunal de famille des Bourbons dont le chef est l'aîné.

Louis XVIII, c'est vous qui le dites, réintégra, dans sa famille, à Mittau, le fils de Philippe Égalité, en l'engageant à tout faire pour réparer le passé et pour justifier l'acte de clémence. Je mets les choses au pire : LOUIS-PHILIPPE ne justifia point l'acte de clémence de LOUIS XVIII. Mais le COMTE DE CHAMBORD réintégra de nouveau les D'ORLÉANS dans la famille de BOURBON dans la personne du COMTE DE PARIS. Vous dites que le Cte DE CHAMBORD pardonna comme chrétien et non comme roi. Mais le Cte DE CHAMBORD était le roi Très chrétien. La notion du Pardon date du Christ et du Pater qu'il nous a enseigné. Avant le Christ aucune civilisation antique n'a connu le pardon. Même pas la civilisation juive, la plus parfaite d'entre elles, qui ne connaissait, je crois, que l'œil pour œil et la dent pour dent. Je me suis laissé entraîner à me servir des éléments historiques que vous fournissez, bien que j'eusse préféré me tenir toujours sur le terrain des principes purs.

Enfin vous avouerez, Monsieur, que je n'ai point été excessif dans l'emploi que j'en ai fait. Quoi qu'il en soit, j'aurais voulu être indemne de tous reproches à ce sujet car les preuves historiques doivent être tirées de la grande histoire. La grande histoire se fait, à l'heure actuelle, à l'aide de documents. On commence par situer le document au temps et lieu où il se place. On cherche à en discerner l'esprit. Si l'on détache un texte on laisse toute possibilité au lecteur, en citant les références de voir si le contexte n'altère pas le sens du texte cité. Puis la grande histoire n'est pas *unilatérale*. S'agit-il, par exemple, de donner une idée, au lecteur, de la mentalité de la famille D'ORLÉANS? Je montre le côté révolutionnaire de cette famille en citant le testament politique du fils de LOUIS-PHILIPPE, puis la lettre du COMTE DE PARIS citée par vous et datée de YORK-HOUSE du 18 Janvier

1871. Par contre je montre le discours de San Remo du Duc d'Orléans actuel, discours qui est éminemment contre-révolutionnaire et anti-Juif. Le lecteur impartial se dit : Voilà une famille qui s'est relevée après avoir été bien bas ! Puis le lecteur, s'il est chrétien, compte sur ses doigts. Entre Louis-Philippe et le Duc d'Orléans il constate trois générations et se rappelle la loi édictée par Dieu : « Les enfants seront punis des crimes de leurs pères jusqu'à la troisième et même quatrième génération. » Et le lecteur chrétien et impartial se dit que le pardon supérieur pourrait bien être arrivé.

En dernière analyse, la grande histoire doit être faite avec le jugement et non le sentiment. Ainsi, quoi de plus sec qu'un tableau généalogique. C'est brutal comme un fait. Le vôtre n'a rien de tout cela. Vous coiffez d'un bonnet phrygien les d'Orléans que vous détestez, et vous mettez une tiare sur les de Parme que vous aimez. Personnellement, je déteste le bonnet phrygien et je me mets à genoux devant la tiare. Mais il y a moment pour tout et mon amour et mes rancœurs seront mis de côté, autant que possible, quand je m'introniserai historien.

A un point de vue tout à fait général, je ne m'explique pas comment, de 1820 à la mort du Comte de Chambord, aucun des théoriciens de la Monarchie de droit divin, tels que de Maistre, de Bonald, Blanc de Saint Bonnet n'aient pas soufflé mot de *la Légitimité* des d'Orléans ? et pourtant à la mort du Duc de Berry la question se présentait et ces grands théoriciens ne devaient pas porter dans leur cœur les d'Orléans.

Avant de clore cette dicussion tout ce qu'il y a de

plus galante de votre part, je voudrais faire ressortir une idée qui me trotte encore dans la cervelle. Vous avez dit que vous aimiez mieux une République qu'une Monarchie détenue illégitimement par une famille. Vous me permettez de ne pas être de votre avis et je vais expliquer pourquoi. Deux familles sont en présence revendiquant pour chacune d'elles la légitimité du pouvoir. La vérité ne peut pas être à deux endroits à la fois. Une famille sera légitime et l'autre illégitime. Mais les deux familles pourront très bien avoir la même notion légitime de la société qu'elles prétendent représenter.

En d'autres termes, la même société construite légitimement, c'est-à-dire chrétiennement, pourra subir d'aventure une incarnation légitime ou illégitime. Je prends un exemple tout à côté d'ici. Jean le Bon lutte contre le Prince Noir. Lutte de la légitimité du pouvoir contre l'illégitimité. Mais les troupes du Prince Noir ne sont pas anglaises. Ce sont des Gascons, qui n'en feront jamais d'autres. Mais Français purs et Gascons ont la même notion sociale légitime et commune. Ils incarnent tous, de bonne foi, la même légitimité sociale les uns d'une façon vraie, les autres d'une façon fausse. Par la suite, Dieu y mit bon ordre et nous envoya Jeanne d'Arc. Mais à ce moment faire l'unité entre les Français ennemis, hier, a été une chose relativement facile, car il n'était point question entre eux de principes religieux et sociaux ennemis. Si à l'encontre de cela les Gascons dès le quatorzième siècle, s'étaient dits républicains, individualistes, la France française serait morte depuis longtemps. Eh bien ! à mon sens, la question n'a pas changé. J'estime que tourner autour de la république cette entité inorganique, sous prétexte que les vrais principes sociaux sont entre les mains de gens qui se prévalent d'un prince que l'on estime illégitime, j'estime, dis-je, que l'on commet la même erreur que nos gascons supposés de tout à l'heure. Vous vous récriez en disant : « Mais je les possède ces principes, aussi bien et même beaucoup mieux que ceux à qui vous les accordez ! » Je le sais fichtre bien, et magnifiquement encore, mais pour vous-même, pour votre famille ; mais aussi avec une incapacité notoire de faire triompher ces principes dans un gouvernement anarchique, individualiste et ennemi déclaré de tout groupement social parce que lui, gouvernement, est à base élective.

Si au lieu de donner de la viande creuse électorale aux Poitevins, vous réunissiez vos amis que vous dites nombreux et que vous fassiez dans votre plan de légitimité ce que l'Action Française fait dans son plan de légitimité à elle, on doublerait la besogne et, en dernière analyse, nous n'aurions plus qu'à faire coïncider les deux plans par un arbitrage. Je prétends même que l'arbitrage ne serait pas nécessaire. Si la légitimit édu pouvoir est une base fondamentale, donc nécessaire, la famille légitime se découvrirait d'elle même, car quand une loi nécessaire est violée, l'Etat est agité jusqu'à ce que la nécessité soit satisfaite.

Vous me répondrez « Oui cela se pourrait à la rigueur, mais vous avez introduit dans le plan parallèle au mien un élément positiviste, l'Action Française, que je ne saurais admettre, moi catholique » : Evidemment l'Action Française, dans son chef, Charles MAURRAS, est positiviste. Elle est agnostique c'est-à-dire qu'elle se borne aux faits sans prétendre relier ces faits à un Dieu créateur, maître du monde.

Mais dites-moi, à votre cuisinière dans sa cuisine, lui demandez-vous de relier continuellement son art à un Dieu créateur maître du monde. Vous lui demandez de faire de la bonne cuisine et de vous entretenir en bon état pour pouvoir vous livrer à toutes les spéculations de haute politique, de religion élevée et de haute sociologie. C'est même par votre intermédiaire que votre cuisinière, si elle accomplit scrupuleusement sa fonction, vient vous rejoindre près de Dieu dans les régions élevées. Je dis scrupuleusement, car votre cuisinière ne devra pas nourrir l'ennemi de vos croyances de manière à ce que celui-ci, bien fort et bien gras, puisse venir vous tenir en échec. L'Action Française est toute semblable à votre cuisinière, révérence gardée. Elle a limité sa besogne et fait dans l'intérieur de cette besogne un travail qu'il est loisible à tout catholique de prendre et de situer dans son plan chrétien. Oui le positivisme est une erreur ; mais dites moi, Taine, n'était-il pas un positiviste. Eh bien ! Taine a fait un monument historique qui, peut-être, seul vous permettra, un jour de sauver votre histoire chrétienne. Lisez les conférences du chanoine Janvier à Notre Dame et vous verrez que le prédicateur a recommandé la lecture des « origines de la France contemporaine. »

Le positivisme est une erreur et l'Église ne pouvait pas faire autrement que de le condamner, mais Fustel de Coulanges était-il un positiviste ? oui. Eh bien ! lisez les Institutions politiques de l'ancienne France et vous verrez ce que je vais vous dire. L'esprit humain errait par orgueil historiquement parlant. Nous étions soi-disant des Francs de grande race régis par des Institutions libres de demi-Dieux. Notez que tout peut ne pas être faux dans cette assertion mais l'erreur tient dans la généralisation. Fustel prit les documents les uns après les autres, chartes et lois et montra que les lois romaines avaient pénétré jusqu'à la moëlle les lois des peuples connus alors. Et FUSTEL, notez bien ceci, partant d'en bas arrivait au même résultat, inconsciemment et sans le définir au même résultat, dis-je, que Bossuet avait aperçu d'en haut. Rome en imbibant l'univers connu de ses lois avait été un instrument de la Providence pour créer le berceau du Christ et de son Église.

LE PLAY était-il un positiviste oui ou non avant la rencontre qu'il a faite de Monsieur votre Père ? Oui, il n'était redevable que des faits constatés par la méthode d'observation. Et il rencontra votre Père qui le convertit au Catholicisme. Et alors LE PLAY, sous cette impulsion formula toute sa sociologie dans cette définition splendide qui, à tout prendre, est de chez vous « Les Peuples les plus heureux sont ceux qui suivent le décalogue. »

La voila donc, la seule, la vraie, l'unique, la splendide tradition de votre famille que je crierai bien haut, pour ma part car j'aime les choses belles et j'aime qu'on les voie.

La tradition de votre famille tient dans l'idée élevée qu'avait votre père de la famille en général. Par la démonstration par le fait que vous en avez fait tous. Car, des treize, *vingt-deux*, et dix enfants montrent que l'on n'a pas peur du nombre chez vous.

La tradition de votre famille tient dans le testament peu commun qu'à laissé votre père. Elle tient dans cette prière à Dieu, faite par lui, de faire don à ses enfants d'une pauvreté honnête, montrant ainsi, sans qu'il s'en doute, le merveilleux exemple d'un homme qui a trouvé moyen d'avoir vingt-deux enfants avec une fortune ridicule.

Qui, pendant ce temps, allait en prison pour ses idées, et était la pierre angulaire d'un parti.

La tradition de votre famille est d'être l'appui intelligent d'une Église, aussi militante que souffrante.

Mais la tradition de votre famille n'est pas de vous occuper spécialement des droits de succession dans les lignées princières. Votre père l'a fait mais ce n'est qu'un « à côté » de son existence. Cela n'ajoute rien à sa gloire. Votre père, vous, moi, ne sommes pas des Princes, heureusement au moins pour moi.

Laissons donc les Princes arranger leur petite affaire entre eux, j'ose dire que nous avons de médiocres lumières pour juger la question. RAPHAEL a dit, « Comprendre c'est égaler » Si nous comprenons les Princes nous les égalons. Comme nous ne les égalons pas, nous n'y comprenons rien.

Mais si, comme vous l'avez fort bien dit : « La Légitimité est la garantie de toutes les légimités » efforçons nous, en dehors de l'ennemi, c'est-à-dire du Parlement de rétablir autour de nous la notion de toutes les légitimités secondaires faussées : Il n'y a qu'à se baisser pour trouver du travail. Les âmes crient la faim intellectuelle. Une âme se compose de trois facultés : l'intelligence, la volonté et le cœur. Faire des hommes d'action, pour le bien, tout est là. Or l'action sort de la volonté et on ne veut quelque chose que quand on aime ce quelque chose, et l'on n'aime que quand on connait l'objet de son amour. Connaitre tel est le point de départ. C'est ce qui a fait dire au philosophe que le mal n'était qu'ignorance.

Vous ne m'en voudrez pas, Monsieur, de ma franchise

car j'admire et j'aime votre famille comme vous-même. J'ai dit ce que je pense et voilà tout.

Agréez, etc...

Octave de SAMPIGNY

Vous me permettez de rouvrir ma lettre car il me vient une idée. Sur les trois points du commencement : l'assassin ne peut hériter etc. Mais d'après la loi Salique le Roi suivant n'hérite pas du Roi antécédent. il lui succède. La couronne de France est une personnalité vivante et d'une indépendance que je qualifierai d'aveugle. Elle se nourrit des Aînés d'une certaine famille, qu'elle saisit dans un ordre invariable sans faire attention à leur mérite ou à leur démérite. Cette couronne ne laisse aux individus marqués du sceau que ce que Dieu ne permet pas d'enlever à l'homme : son libre arbitre. Ils peuvent refuser la communion avec la Couronne, mais là s'arrête leur pouvoir. S'ils acceptent, ils sont immédiatement cerclés, et séparés du genre humain et de leur famille avec qui ils n'ont plus rien de commun. Le Roi de France est *Serf* de la Couronne, il n'a donc rien à transmettre à son successeur et celui-ci rien à recevoir d'un être qui n'a rien à donner.

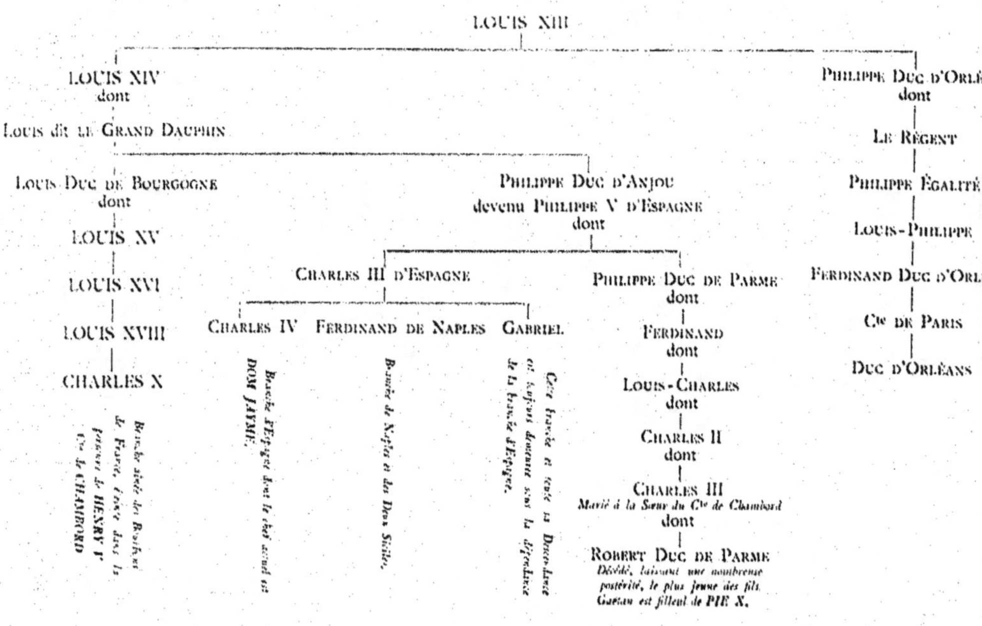

GÉNÉALOGIE DES BOURBONS DE LA BRANCHE AINÉE
LOUIS XIII
LOUIS XIV dont
Louis dit le Grand Dauphin
Louis Duc de Bourgogne dont
LOUIS XV
LOUIS XVI
LOUIS XVIII
CHARLES X
Branche aînée des Bourbons de France, éteinte dans la personne de HENRY V, Cte de CHAMBORD
Philippe Duc d'Anjou devenu Philippe V d'Espagne dont
Charles III d'Espagne
Charles IV
Branche d'Espagne dont le chef actuel est DOM JAYME.
Ferdinand de Naples
Branche de Naples et des Deux Siciles.
Gabriel
Cette branche est seule la Descendance et toujours demeurée sous la dépendance de la branche d'Espagne.
Philippe Duc de Parme dont
Ferdinand dont
Louis-Charles dont
Charles II dont
Charles III
Marié à la Sœur du Cte de Chambord dont
Robert Duc de Parme
Décédé, laissant une nombreuse postérité, le plus jeune des fils, Gaëtan est filleul de PIE X.
Philippe Duc d'Orléans dont
Le Régent
Philippe Égalité
Louis-Philippe
Ferdinand Duc d'Orléans
Cte de Paris
Duc d'Orléans

www.ingramcontent.com/pod-product-compliance
Lightning Source LLC
Chambersburg PA
CBHW061707060726
47597CB00006B/2234